내 이름은 김보배.

아주 귀하고 소중한 아이라서
지은 이름이래.

순 거짓말.
난 태어나지 말아야 했어.

참견백단 야옹이의 슬기로운 걱정 사전

김선희 글 ★ 강혜숙 그림

사계절

🐾 더 멋진 내가 되고 싶어!

나하고 평생 살 사람은 누구?	22
어른들이 말하는 '훌륭한 사람'이 될 필요는 없어	24
친절을 베풀고 나서는 잊어버리는 게 좋아	26
도움 청할 사람을 꼭 만들어 둬	28
잘못한 일은 꼭 기억해 두자	30
짜증을 자꾸 내면 나만 손해	32
욕설을 내뱉는 건 내 얼굴에 침 뱉는 거야	34
비싼 물건을 쓴다고 그 사람이 명품은 아냐	36
핑계는 핑계일 뿐 핑계 대지 말자	38
거짓말에는 비밀이 없다	40
하루에 딱 한 가지만 착한 생각해 보기	42

🐾 세상과 잘 어울리고 싶어!

잔소리 없는 나라에서 살고 싶다	46
엄마 아빠가 다툴 때는 어떡하지?	48
나를 왕따시키는 아이에게 매달리지 말자	50
형이나 언니, 동생이 없으면 좋겠다고?	52

부모님이 언제까지 날 키워 주실까? 54
원수를 만나지 않는 단 하나의 방법 56
내가 하기 싫은 일은 남도 하기 싫어해! 58
남에게 충고하기 전에 나를 돌아봐 60
서로의 속마음을 알아주는 친구 어때? 62
인사를 잘하면 뭐가 좋을까? 64
친구를 놀리는 건 내가 못난이란 소리 66
복수하고 싶다고? 68
선생님이나 부모님이라고 항상 옳은 건 아냐 70
거절을 못 한다고 착한 건 아니야 72

🐾 지식과 지혜를 더 많이 쌓고 싶어!

잘하는 게 없어서 걱정이라고? 76
교과서를 펼치면 잠이 오는 이유 78
배운 걸 잊어버리는 건 너무 당연해 80
모두가 다 대통령이 될 수는 없잖아 82
우리에게 등급을 매길 순 없어 84
텔레비전에 나오는 정보가 다 옳은 건 아냐 86

🐾 야무지게 살고 싶어!

욕심이 많은 건 좋은 거야 … 90
노력한다고 반드시 결과가 좋은 건 아니야 … 92
실패는 나쁜 게 아니야 … 94
시간 요리사가 되어 보자 … 96
내 돈은 내가 관리하자 … 98

🐾 자신만만하게 살고 싶어!

예뻐지고 싶다고? … 102
좀 더 과감해져도 괜찮아 … 104
자꾸자꾸 눈물이 나는데 어떡하지? … 106
불평은 하면 할수록 좋은 것! … 108
"나는 할 수 있다!"고 외쳐 봐. 기적이 일어날걸? … 110
단점이 꼭 나쁜 건 아냐 … 112
마음에 드는 친구를 사귀려면? … 114

🐾 신나게 살고 싶어!

삐딱한 사람이 세상을 바꿀 수 있어	118
최고로 신나게 놀아 보자!	120
주인공보다 관객이 더 중요해	122
생각을 조금만 바꾸면 세상이 달라져	124
행동하지 않으면 아무것도 얻을 수 없어	126
반려동물은 끝까지 책임지는 거야	128
남과 비교하는 순간 지옥문이 열린다	130

> **더 멋진 내가 되고 싶어!**
>
> 주변에 친절을 베풀고,
> 핑계 대지 않고, 짜증 내지 않고,
> 내가 나를 높여 더 멋진 사람이 되고 싶어.

야옹이 참견 1

나하고 **평생** 살 사람은 **누구?**

> 더 멋진
> 내가
> 되고 싶어!

지금은 100세 시대. 앞으로 내가 살 날은 약 90년.

90년을 1초도 떨어지지 않고 함께 살아갈 사람은 누굴까?

아빠? 엄마? 언니, 오빠, 형, 누나? 동생?

아니, 아니!

**죽을 때까지 나하고 함께 살 사람은
바로 나 자신.**

100년을 함께 살 내 몸과 마음이니까

사랑하고 아껴서 잘 쓰자.

어른들이 말하는 '훌륭한 사람'이 될 필요는 없어

> 더 멋진
> 내가
> 되고 싶어!

어른들은 이렇게 말하지.

"이다음에 커서 훌륭한 사람이 되어야 한단다."

훌륭한 사람은 어떤 사람일까? 돈이 많은 사람?

지위가 높은 사람? 좋은 대학을 나온 사람?

아니, 아니!

진짜 훌륭한 사람은 가난해도, 못 배워도, 지위가 낮아도,

자신을 사랑하고 다른 사람에게 존경받는 좋은 사람.

네가 생각하는 훌륭한 사람은 누구니?

친절을 베풀고 나서는
잊어버리는 게 좋아

> 더 멋진
> 내가
> 되고 싶어!

남을 돕는 건 기분 좋은 일이야.

어깨가 으쓱으쓱. 자꾸 뽐내고 싶어지는 건 당연해.

상대가 내 친절을 알아주면 좋겠지?

그런데 친절을 베풀고 나서는 그 자리에서 싹 잊는 게 좋아.

친절은 내가 좋아서 베푸는 거니까
상대가 몰라줘도 괜찮아.

자꾸자꾸 친절을 베풀고 자꾸자꾸 잊어버려 봐.

친절을 베풀 곳이 더 많이 눈에 띌 거야.

야옹이 참견 4

도움 청할 사람을
꼭 만들어 둬

> 더 멋진
> 내가
> 되고 싶어!

아무에게도 말 못 할 고민이 생겼을 때

가장 믿을 만한 사람에게 도와달라고 해.

혼자만 끙끙 앓고 있으면 더 힘들어지거든.

바위처럼 무거운 고민도 누군가와 나누면

깃털처럼 가벼워질 수 있어.

또 이야기를 나누다 보면 현명한 답을 찾을 수도 있단다.

표현하지 않으면 아무도 네 마음 몰라.

야옹이 참견 5

잘못한 일은 꼭 기억해 두자

더 멋진
내가
되고 싶어!

나쁜 짓을 한 뒤에 이런 생각한 적 있니?

'난 어리니까 그래도 돼.'

'한 번인데 뭐 어때?'

'아무도 모르니까 괜찮아.'

자꾸자꾸 핑계를 대다 보면

나중에는 정말 나쁜 사람이 돼.

잘못을 저질렀다면

자신을 따끔하게 혼내고 꼭 기억해 두자.

그래야 잘못을 고칠 수 있어.

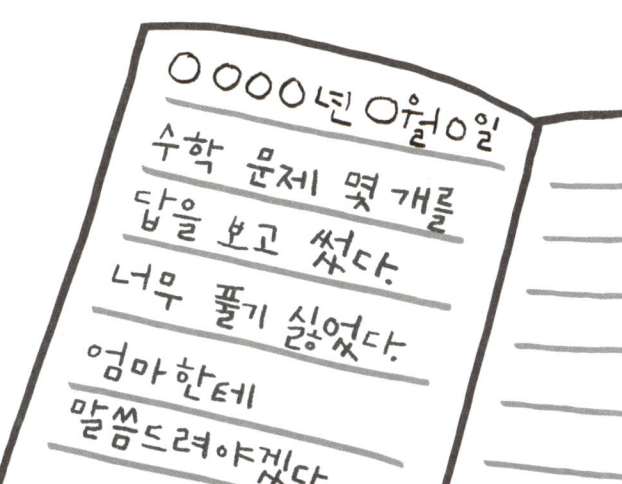

짜증을 자꾸 내면
나만 손해

> 더 멋진
> 내가
> 되고 싶어!

자꾸 짜증을 내는 건

내 마음이 불만으로 가득해서 그래.

괜히 짜증이 나면 심호흡을 크게 한 번 하고

하나, 둘, 셋, 넷, 다섯⋯⋯

열까지 천천히 세어 봐.

그래도 짜증이 없어지지 않으면

곰곰이 생각해 봐.

짜증 내면 누가 손해인지.

야옹이 참견 7

욕설을 내뱉는 건 내 얼굴에 침 뱉는 거야

> 더 멋진
> 내가
> 되고 싶어!

욕을 하면 강해 보인다고?

천만에!

욕설을 내뱉고 있는 네 모습을 거울로 들여다봐.

강해 보이고 싶은 모습 뒤로 엄청 약한 네가 보일 거야.

욕설을 내뱉는 건 네가 못나고 약하다는 걸 보여 주는 거야.

네가 멋있어 보일 땐 욕설을 내뱉을 때가 아니라

싱긋 웃을 때!

야옹이 참견 8

비싼 물건을 쓴다고 그 사람이 명품은 아냐

> 더 멋진
> 내가
> 되고 싶어!

비싼 물건을 쓴다고 자랑하는 건

내세울 게 그것밖에 없다고 고백하는 것과 같아.

비싼 명품 대신 내가 명품이 되어 보자.

그게 바로 우주에서 하나뿐인 진짜 명품이지.

핑계는 핑계일 뿐
핑계 대지 말자

" 더 멋진 내가 되고 싶어!

핑계를 대는 이유는 단 하나.

자신의 잘못을 다른 사람에게 돌리기 위해서야.

지각한 이유, 숙제를 못 한 이유, 친구와 싸운 이유,

많고 많은 이유들은 다 핑계일 뿐.

내 주인은 나잖아.

내 잘못을 남 탓으로 돌리지 말고 내가 책임지자.

그게 진짜 멋진 거야.

거짓말에는 비밀이 없다

거짓말로 어른들을 속였다고 너무 좋아하지 마.

어른들은 네가 거짓말하는 걸 대부분 알고 있어.

너를 더 믿어 보려고 일부러 모른 척할 수도 있고

연달아 혼내기만 할 수도 없어서

그냥 넘어가는 걸 수도 있어.

거짓말은 언젠가 탄로 나게 돼 있어.

거짓말을 들켜서 당하는 창피보다

잘못을 인정해서 당하는 창피가 더 당당한 거야.

하루에
딱 한 가지만
착한 생각해 보기

" 더 멋진
내가
되고 싶어!

누구나 마음속에는 천사와 악마가 함께 있어.

하루에도 수십 번씩 천사와 악마가 싸우지.

때로는 악마의 속삭임이 더 달콤할 때가 있어.

하루에 한 번만 악마를 물리치고 천사의 편에 서 보자.

착한 생각이 하루 쌓이고, 1년 쌓이고,

10년 쌓이고, 90년이 쌓이면

와우! 그때 나는 얼마나 좋은 사람이 돼 있을까?

세상과 잘 어울리고 싶어!

마음 나눌 친구를 사귀고, 다른 사람을 배려하고,
상대의 사소한 실수는 용서해 주기도 하며,
부모님, 친구들, 주변 사람들과 잘 어울리고 싶어.

야옹이 참견 12

잔소리 없는 나라에서 살고 싶다

> 세상과
> 잘 어울리고
> 싶어!

어른들은 잔소리를
하기 위해 태어났나 봐.
"숙제했니?" "손 씻어라." "게임 좀 그만해."
잔소리를 안 듣는 방법이 있어.
잔소리 듣기 전에 다 해치우는 거야.
그리고 아빠 엄마에게 당당하게 잔소리를 해 보자.
"텔레비전 좀 그만 보세요."
"일찍일찍 다니셔야죠." "술 좀 그만 드세요."
속이 다 시원해진다니까.

야옹이 참견 13

엄마 아빠가 다툴 때는 어떡하지?

싸움 구경에 관심 없다옹.

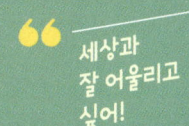

엄마 아빠가 또 다투시나 봐.

심장이 콩닥콩닥 뛰고 간이 콩알만 해지니?

엄마 아빠가 다툴 때마다 무섭고 슬프고 우울해지는 건

당연해. 하지만 형이나 언니, 동생 들과 싸우듯

엄마 아빠도 서로 의견이 다르면 다투실 수 있지.

엄마 아빠가 다투시는 건 네 잘못이 아냐.

그러니까 너무 겁먹거나 네 잘못이라 생각하지는 말자.

야옹이 참견 14

나를 왕따시키는
아이에게
매달리지 말자

" 세상과 잘 어울리고 싶어!

너를 따돌리는 아이가 있다면 그 아이에게 매달리지 마.

네가 약한 모습 보이면 그 아이는

신이 나서 더 심하게 널 괴롭힐 거야.

친구를 왕따시키는 아이라면 사귈 필요 없어.

약해지지도 말고, 두려워하지도 말고, 다른 친구를 찾아보자.

세상에 친구는 얼마든지 많거든.

야옹이 참견 15

형이나 언니, 동생이 **없으면** 좋겠다고?

> 세상과 잘 어울리고 싶어!

형제자매는 세상에서 가장 가깝고도 먼 사이야.

자나 깨나 투닥투닥 우당탕탕 시끌벅적.

하루라도 조용할 날이 없어.

형제자매가 있는 게 너무 불행해?

그렇다면 진짜 없다고 생각해 봐.

**형제자매는 세상에서 하나뿐인
내 편이기도 하거든.**

내 편이 없다면 얼마나 허전할지 생각해 봤니?

야옹이 참견 16

부모님이 언제까지 날 키워 주실까?

나는 한 살도 되기 전에 독립했다-야옹. 떨리고 좋았지!

> 세상과 잘 어울리고 싶어!

부모님이 나를 키워 줄 기간은 기껏해야 앞으로 십여 년.

성인이 되면 독립해야 돼.

앞으로 세상을 혼자 살아가야 한다는 뜻이야.

평생 어떻게 살아야 할지, 지금부터 슬슬 준비해 보자.

멋진 독립을 위해 지금 필요한 건 뭐?

당당하게 살아가겠다는 자신감.

내 일은 내가 하겠다는 책임감.

자, 오늘부터라도 해 보자.

내 방은 내가 청소하기. 내 밥은 내가 차려 먹기.

야옹이 참견 17

원수를 만나지 않는 단 하나의 방법

> 세상과 잘 어울리고 싶어!

원수는 외나무다리에서만 만나는 게 아냐.
화장실에서도 횡단보도에서도 편의점에서도 만날 수 있어.
지구를 한 바퀴 돌면 결국 제자리. 언젠가는 꼭 만난다.
원수를 만나지 않는 방법은 딱 하나!
처음부터 원수를 만들지 않는 것.

야옹이 참견 18

내가 하기 싫은 일은 남도 하기 싫어해!

> 세상과
> 잘 어울리고
> 싶어!

배려심을 키우는 건 생각보다 쉽고 간단해.

내가 좋아하는 건 다른 사람도 좋아하고

내가 싫어하는 건 다른 사람도 싫어한다는 걸

알고 있으면 되는 거야.

남이 하기 싫은 걸 내가 하는 게

바로 진정한 배려심이야.

남에게 충고하기 전에 나를 돌아봐

> 세상과 잘 어울리고 싶어!

나보고 지저분하대… 송충이가 된 기분이야….

친구에게 충고하기 전에 생각해 봐.

난 남에게 충고할 만큼 잘하고 있는지.

충고하는 마음에는 '내가 너보다 낫다'는 우월감이 스며 있어.

충고를 하고 싶을 땐 반대로 생각해 봐.

그 충고를 내가 듣는다면 기분이 어떨지.

서로의 속마음을 알아주는 친구 어때?

" 세상과
잘 어울리고
싶어!

내 친구는 눈이 예쁘고, 보조개가 있고, 머리카락이 길어.
내 친구의 겉모습을 얘기하라면 얼마든지 할 수 있지.
그런데 친구의 속마음은 얼마나 알고 있니?
친구가 좋아하는 계절은? 친구가 슬플 때는 언제?
친구가 기분 좋을 때 하는 행동은?
**겉모습보다 속마음을 알고 있는 게
진짜 친구지.**

야옹이 참견 21

인사를 잘하면 뭐가 좋을까?

> 세상과 잘 어울리고 싶어!

인사를 하는데 화내면서 받는 사람은 없어.

"고맙습니다." "안녕하세요?"

"미안합니다." "잘 먹었습니다."

인사를 하는 사람도 방긋. 인사를 받는 사람도 방긋.

서로가 방긋방긋.

인사를 잘하면 얻을 수 있는 건

바로 백만 불짜리 미소와 따뜻한 마음.

친구를 놀리는 건
내가 못난이란 소리

> 세상과
> 잘 어울리고
> 싶어!

잘난 사람 눈에는 모두가 잘난 사람으로 보여.

못난이 눈에는 모두가 못난이로 보이지.

잘난 사람은 친구를 존중하지만

못난이는 친구를 놀려.

친구를 놀리는 건 내가 못난이라는 걸

세상에 알리는 것과 마찬가지.

야옹이 참견 23

복수하고 싶다고?

" 세상과
잘 어울리고
싶어!

상대가 사소한 잘못이나 실수를 저질렀을 때

눈 딱 감고 용서를 해 보면 어떨까?

그러면 다음에 똑같은 잘못이나 실수를 저질렀을 때

나도 용서받을 수 있을 거야.

복수보다는 용서가 더 멋진 거야.

야옹이 참견 24

선생님이나 부모님이라고 항상 옳은 건 아냐

> 세상과
> 잘 어울리고
> 싶어!

선생님 말씀이 다 옳은 건 아냐.

부모님이라고 해서 완벽한 것도 아냐.

어른들도 실수를 하고 어른들도 잘못을 저질러.

그러니 내 생각이 옳다고 확신하면
불도저처럼 밀고 나가.

단, 어른들을 설득할 수 있어야 해.

막무가내로 떼쓰면 오히려 KO패 당하고 말걸?

야옹이 참견 25

거절을 못 한다고
착한 건 아니야

> 세상과
> 잘 어울리고
> 싶어!

거절을 잘 못 하는 게 착한 건 아냐.

착한 아이로 보이고 싶어서, 왠지 거절하면 안 될 것 같아서,

상대가 무서워서, 같은 이유로 거절을 못 하는 거라면

이제부터 용기를 내서 "싫어요."라고 말해 봐.

마음이 내키지 않는 일에는 단호하게 거부 의사를 밝히자.

그게 나를 지키는 거야.

지식과 지혜를 더 많이 쌓고 싶어!

좋아하는 걸 더 많이 배우고,
작아도 소중한 내 꿈을 키우며,
'무한 등급'인 귀한 나를 멋지게 가꿔 가고 싶어.

야옹이 참견 26

잘하는 게 없어서 걱정이라고?

지식과 지혜를
더 많이
쌓고 싶어!

네가 뭘 잘하는지 아직 모르겠다고?

걱정 마.

네가 좋아하는 게 잘하는 거야.

그림 그리기가 좋으면 그림 그리기를 잘하는 거고,

노래 부르기가 좋으면 노래를 잘하는 거야.

뭘 좋아하는지 모르겠다면

지금부터 이것저것 해 봐.

해 보지 않으면 뭘 좋아하는지 모르잖아.

교과서를 펼치면
잠이 오는 이유

" 지식과 지혜를
더 많이
쌓고 싶어!

교과서를 펼치면 딴생각이 절로 난다고?

아니면 스르르 잠이 와?

그건 공부를 무조건 외우는 거라고 생각해서 그래.

공부는 죽어라 외우는 게 아냐.

모르는 것을 알았을 때의 기쁨을 느껴 봐.

내가 모르는 걸 확인하고 알아 가는 과정,

그게 진짜 공부야.

배운 걸 잊어버리는 건 너무 당연해

열심히 공부했는데 자고 나면

깨끗이 지워지는 마법을 경험해 본 적 있니?

너만 그런 게 아니야. 누구나 그럴 수 있지.

배운 것을 잊어버리지 않으려면

자꾸자꾸 반복해서 기억하려고 노력해야 돼.

한 번 읽으면 달아나는 글자도

열 번 읽으면 절대 달아나지 못할걸?

야옹이 참견 29

모두가 다 **대통령**이 될 수는 없잖아

지식과 지혜를
더 많이
쌓고 싶어!

어렸을 때 꿈은 크고 거창해.

물론 크고 거창한 꿈도 아주 좋아.

그렇지만 꿈이 꼭 거창해야만 하는 건 아니야.

작고 소박한 꿈도 소중해.

당연히 지금 당장 꿈이 없어도 괜찮지.

오지도 않은 먼 미래보다 지금 이 순간이 더 소중하니까.

오늘 하루도 최선을 다해 행복하게 살자.

야옹이 참견 30

우리에게 등급을 매길 순 없어

❝ 지식과 지혜를 더 많이 쌓고 싶어!

1등급, 2등급, 3등급.

성적에 매기는 등급이 그 사람에게 매기는 등급은 아냐.

성적이 1등급이든 꼴찌 등급이든 우리는 다 귀한 사람.

성적이 1등급이라고 뽐내지 말고

꼴찌 등급이라고 절대 기죽지 말자.

뽐내는 것도 기죽는 것도 사람에게 등급이 있다는 걸

스스로 인정하는 꼴이니까!

나에게 등급을 묻는다면 〈무한 등급〉이라고 답해 주마!

야옹이 참견 31

텔레비전에 나오는 정보가
다 옳은 건 아냐

> 지식과 지혜를 더 많이 쌓고 싶어!

텔레비전에서 나오는 정보나 신문에 나오는 뉴스가

모두 옳은 건 아냐.

사실이 아닌 것을 사실처럼 전하거나

사실과는 전혀 다르게 전하기도 해.

많이 생각하고 끊임없이 의문을 품어야

진실을 볼 수 있는 눈이 생겨.

**바보상자를 볼 때는
똑똑한 시청자가 되어 보자.**

> # 야무지게 살고 싶어!
>
> 좋은 욕심은 마구마구 부려 보고,
> 실패해도 실망하지 않고 다시 도전하며,
> 시간 관리, 돈 관리도 야무지게 해 보고 싶어.

야옹이 참견 32

욕심이 많은 건 좋은 거야

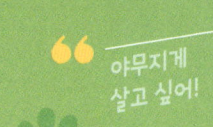

욕심이 많은 건 좋은 거야.

욕심은 더 발전할 수 있는 힘이 되거든.

그러나 나쁜 욕심도 있어.

내 욕심 때문에 다른 사람이 손해를 보거나

남에게 해를 끼친다면 그건 나쁜 욕심이야.

좋은 욕심, 나쁜 욕심, 넌 어떤 욕심이 더 많아?

야옹이 잠언 33

노력한다고 **반드시** **결과**가 좋은 건 아니야

  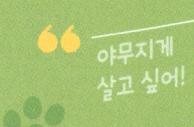

노력한다고 해서 반드시 원하는 것을

다 이룰 수 있는 건 아니야.

만약 그렇다면 이 세상에는 성공한 사람밖에 없을 거야.

성공보다 더 중요한 건 노력하는 과정에서 얻는 값진 경험.

명심하자.

결과보다 과정이 중요하다는 사실.

야옹이 참견 34

실패는 나쁜 게 아니야

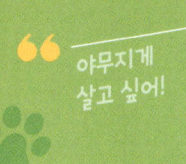

야무지게 살고 싶어!

실패가 나쁜 건 아냐.

실패를 해 봐야 나에게 부족한 걸 알 수 있잖아.

또 실패를 해 봐야 성공도 할 수 있지.

부정적인 사람은 실패에 절망하지만

**긍정적인 사람은 실패를
좋은 경험으로 받아들이지.**

야옹이 참견 35

시간 요리사가
되어 보자

야무지게 살고 싶어!

요리사는 어떤 재료로든 맛있는 요리를 뚝딱 만들어 내잖아.

그럼 시간으로 요리를 해 보면 어떨까?

자투리 시간에 책을 읽어 중요한 시간으로 만들고

시간과 시간 사이 막간을 이용해 취미 생활을 해 보는 거야.

술술 새 나가는 시간, 쏜살같이 달아나 버리는 시간,

한없이 지루한 시간을 제대로 잘 요리해서

맛있는 시간으로 만들어 보자.

야옹이 참견 36

내 돈은
내가 관리하자

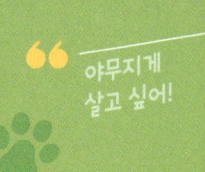

용돈을 받은 날 하루만에 다 써 버린 적 있니?

돈이 없어 친구에게 빌린 적은?

명절날 받은 세뱃돈은 어떻게 했어?

이제부터 용돈 기입장을 써서 계획적으로 내 돈을 관리해 보자.

돈이 모이면 은행에 가서 저금도 해 보고.

그래야 어른이 되어서도 돈 관리를 잘할 수 있어.

자신만만하게 살고 싶어!

나만의 특별함을 사랑하고,
좀 더 과감한 시도도 해 보고,
긍정의 힘을 믿으며 자신만만하게 살고 싶어.

예뻐지고 싶다고?

   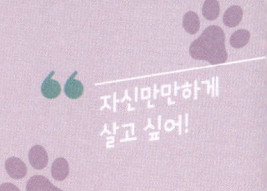

> 자신만만하게
> 살고 싶어!

예쁘다는 건 누가 정하는 거지?

못생겼다는 기준은 뭐야?

사람들이 멋대로 정해 놓은 기준에 너를 맞추려고 하지 마.

중요한 건 너만의 개성.

누구와도 다른 너만의 특별함.

그게 바로 예쁘고 잘생긴 거야.

좀 더 **과감**해져도 괜찮아

   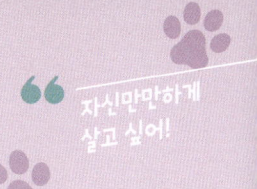

남들이 나만 쳐다보는 것 같고

나를 흉보는 것 같은 느낌이 들 때가 있지?

나를 무시하거나 싫어하는 것 같을 때는?

그건 단지 네 생각일 뿐이야.

사람들이 보는 너와 네가 생각하는 너는 달라.

중요한 건 네가 생각하는 너!

그러니까 좀 더 자신 있게 행동해도 괜찮아.

남들이 보기에도 자신감 있는 네 모습이 더 멋지거든.

자꾸자꾸 눈물이 나는데 어떡하지?

  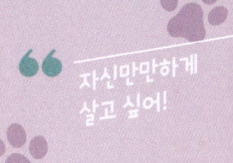

"자신만만하게 살고 싶어!

눈물이 많은 사람은 감정이 풍부해.

그만큼 생각이 깊고 세상일과 사람들에게 진심으로 공감할 줄 알지.

눈물이 나면 억지로 참으려 하지 말고 펑펑 울어.

울고 나면 파도가 쏴, 지나간 것처럼

가슴이 시원해질걸?

야옹이 참견 40

불평은 하면 할수록 좋은 것!

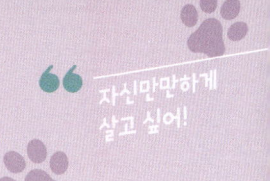

불만이 많아 새로운 물건을 만들어 낸 발명가들이 많아.

**더 편리하고 더 좋은 방법은 없는지
고민하는 건 잘하는 거야.**

하지만 명심해. 불평하는 것에서만 그치면

그저 투덜이가 될 뿐이지만 불평을 스스로 해결하면

위대한 발명가가 될 수도 있다는 사실.

주변을 돌아봐. 불편해서 불만인 게 뭐가 있나.

야옹이 참견 41

"나는 할 수 있다!"고
외쳐 봐.
기적이 일어날걸?

   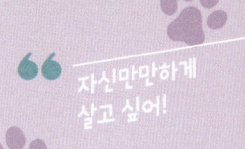

자신만만하게 살고 싶어!

'나는 할 수 있다'고 생각하면 정말 할 수 있고

'나는 할 수 없다'고 생각하면 정말 할 수 없어.

생각한 대로 이루어진다는 말이 있잖아.

긍정적인 생각은 긍정적인 에너지를 불러오거든.

자, 어떻게 생각해 볼래?

단점이 꼭 나쁜 건 아냐

   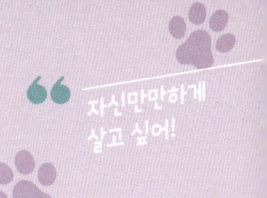

자신만만하게 살고 싶어!

내가 생각하는 단점이 진짜 단점은 아닐지도 몰라.

**오히려 어떤 상황에서는
내 단점이 장점이 될 수도 있어.**

정말 싫은 단점이라면 고쳐 보는 것도 좋지만

그렇지 않은 단점이라면 장점으로 발전시켜 보는 건 어떨까?

야옹이 참견 43

마음에 드는 친구를
사귀려면?

친해지고 싶은 친구가 있다면
그 애에게 먼저 다가가 아껴 두었던 이야기를 꺼내 봐.
친해지고 싶은 마음을 솔직하게 보여 주는 것도 좋아.
그 애가 네 매력을 알아보도록
친절히 대해 주는 것도 좋은 방법이지.
**솔직하고 진정성 있는 마음이
상대의 마음을 열 수 있어.**

신나게 살고 싶어!

삐딱하게 살아 보자, 세상을 바꾸게!
최선을 다해 놀아 보는 건 어때?
우주에 단 한 명, 누구와도 비교할 수 없는 귀하고 소중한 나니까!

야옹이 참견 44

삐딱한 사람이 세상을 바꿀 수 있어

> 신나게 살고 싶어!

어른들은 말 잘 듣고 공부 잘하는 모범생을 좋아해.
그러나 세상을 바꾸는 건 반듯한 모범생이 아니라
다른 생각, 다른 행동을 하는 삐딱한 사람들이야.
무조건 "예."라고 대답하기보다
한 번쯤 "왜요?"라고 질문하는
삐딱이가 되어 보자.

최고로 신나게
놀아 보자!

신나게
살고 싶어!

온몸이 땀으로 흠뻑 젖을 정도로 놀아 본 적 있니?

정신을 쏙 빼놓을 정도로 신나게 놀아 본 적 있어?

하루 종일 놀아도 지루하지 않은 적은?

**잘 노는 사람이 집중력도 좋고
창의력도 뛰어난 법이야.**

어떻게 하면 재미있고 신나게 놀 수 있을지 연구해 보자.

야옹이 참견 46

주인공보다 관객이 더 중요해

신나게
살고 싶어!

무대에서 춤추고 노래하는 아이돌,

드라마나 영화 속 멋진 주인공을

부러워할 필요 없어.

주인공을 만드는 건 관객이야.

**관객의 관심이 식으면
주인공도 연기처럼 펑, 하고 사라져.**

그러니까 주인공보다 관객이 훨씬 더 중요하지.

생각을 조금만 바꾸면 세상이 달라져

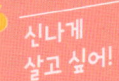

신나게 살고 싶어!

살다 보면 하기 싫은 일을 해야 할 때도 있어.

그치만 생각을 조금만 바꾸면 지겨운 일도 즐거운 일로 바뀔 수 있지.

이를테면 개학. 학교에 가기 싫으면

학교에 가면 신날 일을 백다섯 가지쯤 생각해 보는 거야.

숙제하기 싫으면 숙제를 다 하고 놀거리를

백열다섯 가지쯤 생각해 보는 거지.

모든 일은 마음먹기 달렸어.

행동하지 않으면 아무것도 얻을 수 없어

신나게
살고 싶어!

가만히 누워서 머릿속으로만 상상하면 아무것도 이루어지지 않아.

갖고 싶은 것은 얻기 위해 행동해야 얻을 수 있고

원하는 곳은 움직여야 갈 수 있지.

자, 생각하고 고민해서 머리가 결정했으면

이제 몸이 행동할 차례!

반려동물은 끝까지 책임지는 거야

**일단 반려동물을 키우기 시작했다면
끝까지 책임져야 돼.**

아기처럼 돌봐 줘야 하고 아프면 간호해 줘야 해.

반려동물이 아프거나 귀찮다고 버려서도 안 되지.

아프다고 가족을 버리지는 않잖아.

귀여워서, 예뻐서, 좋아해서, 그 이유만으로

반려동물을 키우고 싶다면

처음부터 시작하지 않는 게 좋아.

야옹이 참견 50

남과 비교하는 순간 지옥문이 열린다

누구에게나 자기만의 별이 있지.

신나게 살고 싶어!

남과 비교하는 한

절대 행복해질 수 없어.

항상 다른 사람의 떡이 더 커 보이는 법이거든.

다른 사람도 똑같은 생각을 하고 있을 거야.

너의 어떤 면을 부러워하고 있을걸.

잘났든 못났든 나는 나.

우주에서 단 한 명.

누구와도 비교할 수 없는

귀하고 소중한 존재.

고마워. 여여~
 함께할 수 없어 아쉽지만
널 영원히 잊지 않을 거야.
혹시 이곳에 오면
    널 다시
     만날 수 있을까?

내 이름은 김보배.
우주에서 하나뿐인
귀하고 소중한 이름.
이제부턴 내 이름의
주인이 되어야지.

내 삶의 주인으로
신나게 살아야지!

참견백단 야옹이의
슬기로운 걱정 사전

2020년 11월 23일 1판 1쇄
2024년 1월 30일 1판 7쇄

글쓴이	김선희
그린이	강혜숙
편집	최일주, 이혜정, 김인혜
디자인	민트플라츠 송지연, 진예리
제작	박흥기
마케팅	이병규, 양현범, 이장열, 김지원
홍보	조민희
인쇄	코리아피앤피
제책	J&D바인텍
펴낸이	강맑실
펴낸곳	(주)사계절출판사
등록	제406-2003-034호
주소	(우)10881 경기도 파주시 회동길 252
전화	031)955-8588, 8558
전송	마케팅부 031)955-8595 편집부 031)955-8596
홈페이지	www.sakyejul.net
전자우편	skj@sakyejul.com
페이스북	facebook.com/sakyejulkid
인스타그램	instagram.com/sakyejulkid
블로그	blog.naver.com/skjmail

ⓒ 김선희, 강혜숙 2020

값은 뒤표지에 적혀 있습니다. 잘못 만든 책은 구입하신 서점에서 바꾸어 드립니다.
사계절출판사는 성장의 의미를 생각합니다. 사계절출판사는 독자 여러분의 의견에
늘 귀 기울이고 있습니다.
이 책은 저작권법에 따라 보호받는 저작물이므로 무단 전재와 복제를 금합니다.

ISBN 979-11-6094-684-0 73180